I0824089

No. 6

Carta
Manuscript Paper

No. 6

No. 6

No. 6

Carta
Manuscript Paper
No. 6

No. 6

Carta
Manuscript Paper
No. 6

No. 6

No. 6

No. 6

No. 6

No. 6

Carta
Manuscript Paper

Carta
Manuscript Paper

No. 6

No. 6

No. 6

Carta
Manuscript Paper

No. 6

No. 6

No. 6

Carta
Manuscript Paper

No. 6

No. 6

No. 6

No. 6

Carta
Manuscript Paper

No. 6

Carta
Manuscript Paper

Carta
Manuscript Paper
No. 6

No. 6

No. 6

No. 6

Carta
MANUSCRIPT PAPER
NO. 6

No. 6

Carta
Manuscript Paper

No. 6

No. 6

Carta
Manuscript Paper
No. 6

No. 6

No. 6

Carta
Manuscript Paper

Carta
Manuscript Paper
No. 6

No. 6

No. 6

Carta
Manuscript Paper
No. 6

No. 6